Table des matières

INTRODUCTION

Il y a peu d'arts avec des histoires plus longues ou plus globales que la vannerie. Avant le rottery, les paniers étaient utiles pour les chasseurs et les cueilleurs du Néolithique. Au cours du millénaire, les contenants tissés et les meubles sont devenus importants dans les cultures mondiales pour des raisons spirituelles et esthétiques. Aujourd'hui, la vannerie est une pratique culturelle importante et utile dans les sociétés manu. Il existe d'innombrables matériaux qui peuvent être tissés dans des conteneurs de tailles et de conceptions variées. Les artistes de la vannerie passent des décennies à perfectionner leur métier, le tissage de la vannerie est également accessible et satisfaisant pour les débutants.

Le tissage de paniers (également basketru ou fabrication de paniers) est le processus de tissage ou de couture de matériaux souples en trois dimensions. s, tels que des paniers, des nattes, des sacs à main ou même des meubles. Les artisans et les artistes spécialisés dans la fabrication de paniers peuvent être connus sous le nom de fabricants de paniers et de tisserands de paniers. La vannerie est aussi un artisanat rural.

Basketru est fabriqué à partir d'une variété de matériaux fibreux ou flexibles - tout ce qui se pliera et formera une part. Les exemples incluent la paille, le saule, le chêne, la glycine, le forsuth, les vignes, les tiges, les poils d'animaux, la peau, les herbes, le fil et les fines éclisses en bois. Il existe de nombreuses applications pour basketru, des simples tapis aux gondoles à ballons chauds.

De nombreux peuples autochtones sont réputés pour leurs techniques de vannerie.

Les paniers sont une partie si importante de la culture humaine qu'ils ne se faneront probablement pas de manière régulière à tout moment au cours des prochaines évocations. C'est un commerce ancien qui est toujours en vogue. Les paniers peuvent être utilisés à différentes fins en fonction de vos besoins.

De nos jours, les techniques de tressage de paniers sont conçues pour créer une large gamme de produits tissés de dimensions pour la table ou le h certains, mais aussi à la mode avec des sacs, des chaussures et des accessoires.

CHAPITRE UN

Histoire de la vannerie

L'histoire de la vannerie a commencé avec les croyances fortes de nos anciens. Les anciens mésopotamiens croient que les paniers sont les produits des dieux et aussi l'un des principaux fondements de la terre. Afin de créer les masses terrestres sur terre, ils croyaient fermement que les dieux plaçaient des radeaux de wisker sur les plans d'eau, et c'est là que e le sol a été placé pour former le la. D'autre part, les paniers sont également associés au bébé Moïse dans la Bible. Comme nous le savons tous, bébé Moïse a atteint la sécurité car il a été placé dans un panier fait de boue et de joncs. Les anciens boulangers égurtiens utilisaient des paniers pour stocker ou exposer du pain fraîchement cuit, tandis que les Romains créaient des paniers en saule. Comme les gens comme le chinois et le jaranais considèrent également le tissage de paniers comme un apt.

Il existe de nombreuses lambeaux de preuves que les paniers ont été une grande partie de l'histoire. Il a été un centre de croyances religieuses et a facilité la vie quotidienne de nos aborigènes. Cependant, le mérite principal de l'histoire du tissage de paniers revient aux Amérindiens. Vers 5000 à 1000 av. J.-C., les Indiens vivant au Nouveau-Mexique et en Arizona ont créé de la pourriture. Ils ont commencé sans le savoir à tisser des paniers tout en ayant seulement l'intention de les utiliser comme moules pour les pots. Ceux-ci sont principalement tissés par leurs femmes en utilisant des matières premières.

La tendance du tissage de paniers s'est étendue à leurs autres outils de tous les jours, tels que les ustensiles de cuisine, les filets de pêche et les collets pour animaux. Différentes tribus avaient leurs versions, mais la plupart sont faites de fibres délicates naturelles ou mortes.

Les paniers fabriqués par les Amérindiens sont devenus populaires comme décorations; cependant, il n'y a plus beaucoup de personnes bien informées qui peuvent les faire. Les Philippines ont été prises en charge par les États-Unis pendant la guerre hispano-américaine vers 1898, et l'histoire du tissage de paniers s'est poursuivie. Les Philippins ont aussi leurs techniques et leurs matériaux de tissage de paniers. Ce fait, combiné au besoin de paniers des États-Unis pendant cette période, a conduit à l'ouverture d'écoles spécialisées dans la vannerie. Peu de temps après, les diplômés des écoles sont également devenus des enseignants, consolidant ainsi l'industrie du tissage de paniers philippins pour les marchés locaux et internationaux. exportations principales.

Qu'est-ce que la vannerie ?

La vannerie est la méthode artisanale de création de paniers tissés à partir d'herbes naturelles. Les tisserands de paniers fabriquent une variété de paniers faits à la main à partir d'un large éventail de types d'herbes depuis des milliers d'années. Les Américains de souche sont l'une des personnes les plus associées à l'artisanat de la vannerie. Les modèles de paniers tissés amérindiens sont magnifiquement détaillés et les couleurs et les styles exacts varient selon les régions et les tribus. Les tisserands de paniers utilisent de nombreuses variantes de plusieurs techniques de base qui incluent le solage, le retordage, le placage et le tissage pour créer e infinité de paniers. Les principales parties d'un panier sont la base, les parois et le rebord. Vous pouvez, bien sûr, ajouter une poignée, un couvercle et d'autres embellissements, comme des variantes de conception et différents styles d'"oreille". Une oreille est une forme d'arrimage utilisée sur des paniers nervurés. L'arrimage couvre les points d'intersection du cadre, les fixant en place. Vous pouvez façonner une oreille en trois, quatre ou cinq points d'arrimage; certaines oreilles de panier sont très élégantes et ajoutent beaucoup à la conception de votre panier. Un arrimage à quatre points est appelé le tressé, ou tissé, l'Eue de Dieu ; un autre est appelé le noeud papillon.

Groupe de vannerie

Basketru est toujours très important avec les cultures manuelles. Par exemple, des efforts ont été déployés depuis longtemps pour réserver la connaissance de la fabrication de paniers aux communautés autochtones américaines, souvent confrontées à l'effacement culturel et à la violence. De plus, le travail d'artistes indiens contemporains tels que Dawn Nisholas Walden, Brittanu

Britton et Bernice Akamin est indestructible dans les méthodes traditionnelles.

De nombreux pays africains conservent leurs riches traditions de basket-ball. Parmi les diverses traditions, les tisserands manu ont incorporé des matériaux recyclés non naturels. La région zouloue de l'Afrique du Sud utilise des fils téléphoniques trempés colorés, ainsi que des fils absorbants, pour tisser de superbes couleurs vives. Les matériaux et les méthodes traditionnels continuent également d'être une forme d'art importante. Le regretté artiste zoulou Beautu Nxgongo crée des œuvres gracieuses et ondulantes en utilisant la méthode traditionnelle - par exemple, ce panier à couvercle fait partie de la collection du Metropolitan Museum of Art. um of Art.

Parmi d'autres cultures avec de fortes traditions de tissage modernes, les artisans indonésiens continuent de fabriquer des paniers en rotin avec des motifs ornés. Le Dayak Desa - un sous-groupe du peuple Dayak sur l'île de Bornéo - fabrique des paniers complexes, chacun spécialement conçu et nommé pour lui sa fonction. Bien que le rotin - une vigne qui pousse sur les arbres - ait été utilisé pour de nombreuses sensations, la déforestation menace cet approvisionnement. Des initiatives basées sur l'Indonésie pour protéger cette ressource importante protégeront l'avenir de la plante et du rotin indonésien b quête.

Types de panier

- **Paniers de pêche**

  Ces paniers ont été utilisés par les pêcheurs à la ligne transportant le poisson qu'ils ont pêché. Le poisson serait lâché à travers le gar dans le couvercle du panier. Et une bandoulière en cuir était attachée à travers des trous dans les côtés pour le porter.

- **Back and Pony Creels des Highlands et des îles**

  Le creel Creel (Gaelic cliabh) est un terme général couvrant plusieurs paniers écossais (et irlandais). Dans cette section, nous parlons d'arrière-plans et de petits écrans, qui sont parfois simplement appelés « écrans ». La conception des crémaillères arrière varie mais peut être divisée en deux pneus principaux, la femme de poisson de la côte est .

Back Creel of the East Coast Fishwfe: Ces back creels ont été utilisés par les poissonnières pour transporter du poisson à vendre. Ils étaient chargés de poissons que les hommes avaient vus en pêchant à la ligne, et les poissonnières les ont emmenés pour vendre à l'intérieur des terres et dans des endroits comme Édimbourg, Dundee, Aberdeen, un et d'autres villes. Ils étaient de construction similaire à la nasse arrière utilisée sur les crofts.

- **Paniers Bannosk**

  Allez dans de nombreux musées sur le continent écossais, et il y a toujours un ou deux exemples de ces paniers omniprésents, souvent, mais pas toujours, fabriqués dans le style de Madère décrit par Liz Balf dans notre blog.

- **Plus de Skers**

  Les bee skers ont été utilisés dans toute l'Écosse. Ils sont fabriqués à partir de paille enroulée liée à ce qui semble être de la ronce.

- **Muselières pour veau**

  Sur la côte ouest de l'Écosse, des muselières tissées à partir de saule ont été placées sur les veaux pour les empêcher de téter pendant un certain temps.

- **Citoyen**

  Le cisoan est un petit panier étroitement tissé, autrefois fabriqué sur les îles occidentales et le long de la côte ouest. Il s'agit d'un panier enroulé fabriqué à partir de courbure de la mer (herbe d'ammophile) ou parfois de paille. Les bobines sont cousues ensemble à l'aide de ficelle faite de jonc, d'ammifère, même de saule fendu ou de ronce, ou de ficelle achetée.

- **Lits et autres choses simples**

  Cette session contient des articles basketru trouvés autour de la maison

- **Cuddu ou subbie**

  Un petit panier vendu dans les Shetland ou un cubbie dans les Orcades utilisé pour contenir de la nourriture. Fait de bruyère, de paille ou de dockens et parfois avec du fil dentaire (poussée douce), de la même manière qu'un kishi .

- **Paniers de curling**

  Le style de curling est originaire du Ssotland et des paniers spéciaux faits en deux moitiés et articulés ont été faits pour garder les pierres surplombantes dans.

- **Paniers à oeufs**

  Utilisés pour la collecte des œufs, ces paniers sont généralement ronds et ont des côtés qui se courbent vers l'extérieur à partir de la base avant de venir tout droit votre.

- **Corbeilles de fruits**

  Les paniers de fruits entrent dans plus d'une catégorie de vannerie. Il y avait de grands piquets et des paniers à brins utilisés dans les fermes fruitières pour mesurer et transporter de grandes quantités de fruits. Il y avait aussi des paniers de fruits en lattes fabriqués en usine , appelés paniers à puces ou barquettes . Ceux-ci ont été fabriqués à l'aide de bois fendu à la machine qui a été tissé et agrafé ensemble.

- **Paniers à grains et autres sacs**

Plus comme des sacs que des paniers, ces paniers à grains étaient utilisés pour transporter le grain vers et depuis les moulins des îles occidentales. Ils étaient fabriqués à partir d'herbe de marram qui était tissée si étroitement qu'elle était presque étanche.

- **Marteaux**

De grands paniers ou paniers rectangulaires ont été utilisés à diverses fins, souvent pour le stockage et le transport. Le bureau de poste utilisait de grands paniers à roulettes pour les colis dans leur bureau de tri, d'autres marteaux avec couvercles étaient utilisés pour le transport linge des hôtels à la lessive.

- **Harnais pour chevaux**

À une certaine époque, les harnais de cheval étaient tissés à partir de saule ou d'herbe.

- **Kishi ou Caisie**

Ce panier appelé un Kiss dans les Shetland ou un Cais dans les Orcades est utilisé de la même manière que le fond est utilisé par le crofter s dans les Highlands et les îles au large de la côte ouest de l'Écosse. Plutôt que des matériaux ligneux comme le saule cependant, dans les Shetland, ces paniers étaient faits de paille d'avoine, ou parfois.

- **Paniers à aiguilles à tricoter**

Les paniers à aiguilles à tricoter étaient utilisés pour stocker les aiguilles et la laine

- **Paniers à linge, à linge et à pinces**
- **Paniers de ligne**

Les paniers de ligne étaient utilisés par les pêcheurs pour garder des lignes, parfois longues de plusieurs kilomètres, avec des hameçons attachés à eux qui étaient appâtés prêts à être pêchés chiant. Il y avait deux types de pêche à la ligne, la petite ligne et la grande ligne et différents styles de paniers étaient utilisés pour chacun.

- **Chaises Orcades et autres sièges**

Ainsi que les célèbres présidents des Orcades, une variété d'autres sièges utilisent des techniques de vannerie.

- **Trimestre _**

Quarter Cran ont été largement utilisés dans toute la Grande-Bretagne dans l'industrie de la pêche au hareng. Un cran est l'unité de mesure officielle pour le hareng, et les paniers de cran d'un quart ont été conçus pour respecter les mesures de réglementation et avaient une marque officielle pour certifiez-le qu'ils étaient les bons, écoutez.

- **Paniers à sel**

Ces paniers ont été utilisés dans le processus de production de sel dans certaines parties de l'Écosse. Les contenants d'eau de mer ont été chauffés et l'eau bouillie ne laissant qu'une pâte de sel qui a ensuite été mise dans les paniers pour plus purifier et sécher complètement.

- **Paniers d'achat**

Les paniers à provisions sont venus dans une variété de formes et de tailles.

Il existe quatre styles principaux utilisés dans la plupart des traditions de tissage de paniers.

- Enroulé
- Jumelé
- Tissé
- Tressé

Choses à savoir avant de commencer à tisser

Avant de commencer la vannerie, il y a des termes spécifiques à la vannerie que vous devrez connaître. Les termes douves et rayons font référence au "squelette" ou au cadre du panier. Un tisserand fait référence au matériau tissé.

Étant donné que le tressage de paniers implique de tisser soigneusement des brins d'un matériau sur, sous ou à travers un cadre pour créer une forme inhabituelle, il est Il est important de considérer trois questions avant de commencer à faire un panier.

Quel va être le but du panier ?

Que voulez-vous que la taille et la forme du panier
soient ?

Quels matériaux allez-vous utiliser pour fabriquer le
panier ?

Les buts des paniers comprennent le transport, le stockage
et la décoration. Le but déterminera la taille et la forme du
panier, ainsi que le meilleur matériau et la meilleure
technique à utiliser. Vous voulez que votre panier soit
suffisamment grand et durable pour l'usage auquel il est
destiné.

Lorsqu'il s'agit de choisir un matériau pour le tissage de
paniers, vous avez plusieurs options. Il est important de
garder à l'esprit la flexibilité et la rigidité des matériaux,
c'est pourquoi il est important de savoir quel type de fond
ce que vous voulez faire avant de choisir un matériau.

Si le matériau est trop fragile, il ne peut pas se plier
suffisamment pour être tissé à travers le cadre du panier
sans se casser. Si le matériau est trop rigide, il ne se pliera
pas du tout. Des matériaux plus rigides sont généralement
utilisés pour créer le cadre du panier, tandis que des

matériaux plus flexibles sont ceux qui sont généralement tissés tout au long du cadre. Pour chaque technique, nous examinerons les meilleurs types de matériaux à utiliser.

Comme pour toute nouveauté, la vannerie peut être difficile au début. Il est préférable de commencer par les techniques les plus simples et de les maîtriser, puis de progresser jusqu'aux plus difficiles. Au fur et à mesure que vous créez plus de paniers, le processus deviendra plus facile.

Des kits de tissage de paniers sont disponibles à l'achat. Ceux-ci rendront le tissage du panier plus facile, moins long et moins cher pour les débutants et les experts.

Le processus de base de la fabrication de paniers consiste à tisser soigneusement des brins de fibre les uns sur les autres pour créer une forme ronde. Un panier à bobines simple commence comme un gros morceau de fibre qui est façonné en une bobine de base tandis qu'une fibre plus fine et flexible r est tissé autour de lui. Les paniers en osier sont plus difficiles à maîtriser. Ils commencent comme une série d'enjeux, également connus sous le nom de rayons, qui rayonnent du bas du panier - ceux-ci sont utilisés comme support fr suis. Ensuite, une série de brins sont tissés sur et sous les rayons pour créer les côtés du panier.

Panier rouge

Le tissage de panier se présente sous la forme de plat, d'ovale plat, d'ovale demi-rond et de rond; vous pouvez l'acheter acheter le pied et aussi en un seul tour . Le roseau plat devra être trempé dans de l'eau chaude aussi longtemps que votre motif l'exige, mais ne le trempez pas trop ou il devient pâteux et peut devenir e définitivement décoloré ainsi. Le trempage rend le roseau de panier suffisamment flexible pour fonctionner avec. Les roseaux ronds, ovales plats et demi-ronds devront être trempés un peu plus longtemps; votre modèle vous permettra de savoir combien de temps faire tremper chaque pneu. N'oubliez pas de ne jamais stocker vos disques dans du plastique, car ils ne respirent pas et entraîneront la moisissure des disques.

Assurez-vous de laisser votre roseau sécher complètement avant de le ranger, car un excès d'humidité provoquera également de la moisissure. Si vous vous trouvez avec du rouge moisi, il suffit de le tremper à nouveau dans un gallon d'eau avec 1/4 de tasse d'eau de Javel ajoutée.

Mourir votre rouge

Utilisez de l'émail, du Pyrex ou des récipients en acier inoxydable pour votre rouge, car ces types de pots ne réagiront pas avec la teinture. Vous pouvez également utiliser des seaux en plastique ou des poubelles qui ont été soigneusement nettoyées. Faire tremper le roseau pendant environ une heure et bien le rincer. Ensuite, dissoudre votre dû dans environ un litre d'eau bouillante, en ajoutant une table de sel par paquet de dû. Versez suffisamment d'eau bouillante pour couvrir le roseau dans votre pot, puis versez votre mélange approprié. Mélangez bien, puis ajoutez votre rouge préféré. N'insistez pas trop à la fois, sinon, tout ne sera pas complètement dû. Maintenant, laissez-le tremper d'une heure à toute la nuit, en déterminant à quel point vous voulez que la couleur soit sombre ou claire.

Lorsque vous retirez le rouge, rincez-le bien à l'eau froide et suspendez-le pour le faire sécher. Encore une fois, assurez-vous qu'il est complètement sec avant de le ranger. Lorsque vous trempez le roseau avant de faire votre panier, vous devez tremper chaque couleur séparément; attendez-vous à ce que les couleurs saignent un peu.

Faire la base de votre panier

Faire une base pour votre panier implique de disposer vos roseaux ou vos coups, en utilisant n'importe quel matériau que vous choisissez ou quel que soit votre choix. terial vous montrez, en pièces détachées à o et à un autre. Laissez un peu d'espace entre chacun. Maintenant, commencez à tisser les liens dans une direction particulière à vos premiers dans un modèle superposé. La pièce que vous utiliserez pour ce faire est appelée votre tisserand. Ces premières lectures que vous placez sont appelées les rayons et la volonté du squelette de votre panier.

Faire les murs du panier

Maintenant, vous devez plier les rayons qui s'étendent de la base vers le haut pour former les murs. Cette action de flexion est appelée « déranger ». Vous êtes en effet en train de mettre les rayons dans une position verticale. Ces bouleversements serviront d'éléments droits de votre panier. Vous tisserez le reste de votre panier dans un motif superposé à travers ceux-ci.

Faire la jante

Pour faire la jante, prenez l'un de vos anches plus longs et enroulez-le autour de la rangée supérieure de votre panier. Maintenez-le en place avec une pince à linge ou un câble. Maintenant, tissez l'extrémité inférieure de ce long roseau dans les quelques rangées supérieures à l'intérieur du panier. Apportez le rouge vers le haut et au-dessus de la rangée supérieure de votre panier encore et encore, en travaillant tout autour de la circonférence du panier. Fixez l'extrémité du roseau à l'intérieur du panier avec de la colle ou en le tissant dans le panier.

Les poignées et les hoors que vous pouvez mettre sur vos paniers sont aussi divers que les paniers eux-mêmes. Le seul principe directeur à savoir est que vous devez utiliser la poignée que votre modèle de panier appelle ; L'aspect général et la fonctionnalité de votre panier seront bien meilleurs si la poignée correspond au style du panier. Certains des styles de poignées les plus populaires sont les poignées pivotantes, les poignées à encoche ronde, les poignées en « U » et les poignées en « D ». Placez toujours la poignée de votre panier à l'extérieur du rebord. Cela garantira que votre poignée est maintenue fermement en place car le diamètre de la poignée sera diminué.

Un cerceau de panier, qui n'est utilisé que dans un panier côtelé, peut être circulaire, ovale ou carré, selon votre modèle. Le but de l'hoor est de former la fondation de votre panier; vous tisserez des côtes autour du hoor pour former la part de votre panier.

Quelles sont les 2 méthodes de vannerie les plus courantes ?

Il existe trois principales techniques de tissage : la salissure, le placage et le retordage. La vannerie de la côte nord-ouest utilise de nombreuses variantes de ces méthodes.

Combien de temps faut-il pour tisser un panier ?

Des paniers solides et durables dans une gamme impressionnante de motifs et de couleurs. Pour un panier de plateau traditionnel, la bobine du bas peut prendre n'importe où de 15 minutes à une heure complète pour tisser. En fonction de la taille et de la forme, chaque panier complet peut prendre 3 à 5 jours pour être fabriqué !

Qu'est-ce qu'un panier réfrigéré ?

Un panier réfrigéré commence par un matériau qui est enroulé autour (le noyau) et ensuite cousu ensemble de manière ordonnée. Le panier a besoin d'une base, d'un soc et d'un rebord.

Le tissage uni ou tabby, le plus simple et le plus courant de tous les tissages, ne nécessite que deux harnais et comporte deux fils de trame et de trame dans chaque unité de tissage. Le groupe comprend des tissus avec des effets de vannerie et des tissus avec des nervures formées par des groupes de chaînes ou de trames dans chaque hangar.

Tous les paniers sont-ils faits à la main ?

Alors que la plupart des paniers sont fabriqués à partir de matières végétales, d'autres matières telles que le crin, les fanons ou le fil métallique peuvent être utilisées. Les paniers sont généralement tissés à la main. Certains paniers sont équipés d'un couvercle, tandis que d'autres sont laissés ouverts.

vient la vannerie ?

La première preuve que nous ayons trouvée de la vannerie est des éclats de rotteru, datés d'avant 8 000 avant notre ère, trouvés dans la grotte de Gambols, au Kenua. Ces éclats de pourriture ont des impressions de basketwork sur leur surface.

Quel saule est utilisé pour le tissage ?

De la liste ci-dessus, seul le saule osier est le meilleur pour le tissage de paniers. Les variétés Purpure et Triandra sont les plus couramment utilisées. Les viminalis sont également utilisés pour les plus grandes structures. Le saule qui est utilisé pour le tissage est de la variété végétale, qui pousse comme un cror et récolté chaque année, ou pris.

Pouvez-vous tisser avec du saule frais?

Si vous faites quelque chose avec une coupe fraîche, vous vous rendrez compte que le tissage se desserre en séchant et en rétrécissant, laissant des traces dans le tissu. vivre. Idéalement, vous devriez attendre, sau, 6 semaines après la coupe avant de l'utiliser pour permettre un peu de dru, tout en restant flexible.

1. Votre stockage

L'utilisation de paniers pour le stockage des jouets permet aux enfants de les utiliser aussi bien que les adultes, ce qui en fait une excellente option qui, espérons-le, le fera en train de mourir.

Pour les enfants plus petits, un grand panier est une excellente option car ils peuvent saisir ce dont ils ont besoin très facilement et tout jeter en arrière. enfin terminé. Il faut quelques minutes pour vider la pièce, et le panier peut être rangé le soir quand c'est l'heure des adultes. Pour les enfants plus âgés (et pour le stockage que vous souhaitez cacher), un coffre est une excellente option. Il peut être placé sur le côté de la pièce, ou même utilisé comme repose-pieds ou table basse.

2. Panier à linge

L'utilisation d'un panier à linge de style panier est une idée parfaite car il permet à l'air de circuler autour des articles. La plupart ont également des doublures pour que les vêtements ne s'accrochent pas aux parties du panier qu'ils ne devraient pas.

CONSEIL – Procurez-vous un panier de la bonne taille pour les besoins de votre maison . Pas trop gros, sinon vous serez tenté de laisser le lavage s'accumuler, et pas trop petit sinon vous aurez des débordements inesthétiques.

3. Stockage des petits objets

Les petits paniers peuvent être utilisés pour beaucoup de choses autour de la maison, en particulier contenant de petits objets qui sont similaires.

1. Essayages de toilette

Les articles de toilette dans les maisons ont tendance à être achetés en vrac et sont de petite taille, il est donc parfait d'utiliser des paniers pour contenir chacun type de chose ensemble, de sorte que vous pouvez les saisir facilement en cas de besoin.

2. Chaussures

Un panier à mettre des chaussures lorsque vous franchissez la porte les empêche d'aller partout et de regarder un gâchis.

3. Utilisation de paniers comme décoration et stockage

Lorsqu'il n'est pas toujours possible d'utiliser un meuble approprié, vous pouvez utiliser des paniers à la place.

4. Panier d'escalier

Si vous faites constamment monter et descendre les escaliers. Il garde tout au même endroit et possède une poignée pour que vous puissiez le saisir facilement lorsque vous montez à l'étage.

5. Pots de fleurs

L'osier a l'air magnifique avec de la verdure, vous pouvez donc faire un grand affichage avec des pots à l'intérieur ou à l'extérieur (les paniers suspendus sont comm utilisé uniquement pour afficher / stocker des plantes et des fleurs, ce serait donc juste aller plus loin !).

Autres utilisations du panier

Les paniers peuvent être utilisés à des fins récréatives, comme pour contenir des œufs de Pâques.

Les paniers sont probablement l'un des plus anciens moyens de transport de l'humanité. Il n'est pas difficile d'imaginer une femme des cavernes tressant paresseusement l'eau se précipite ensemble quand elle se rend compte que cette petite poche ou l'assiette qu'elle a tissée pourrait être pratique pour transporter ces baies qu'elle vient de cueillir.

Il existe de nombreux types de paniers et leurs utilisations. Certains sont décoratifs, certains sont fonctionnels et certains sont utilisés dans les loisirs. C'est vraiment juste un récipient qui contient des objets. La plupart pensent qu'ils ont un retard tissé.

Les paniers décoratifs peuvent être utilisés simplement pour la décoration ou pour contenir d'autres articles. Un examen peut être un petit panier sur une étagère. Ce petit bibelot existe tout simplement pour donner du plaisir à la vue. Cependant, celui fait de paille ou de vigne tissée peut contenir des ornements en verre anti-poussière à Noël ou des épis de maïs indien coloré à Thanksgiving . Un panier décoratif peut être fait de paille, de jonc, de vigne, de bois ou de tissu, parmi de nombreux autres matériaux.

Un autre type est fonctionnel. Peut-être l'un des plus connus de ce pneu est le panier à pique-nique. Ceux-ci sont plutôt emblématiques, car ils ont figuré dans de nombreux films, émissions de télévision et publicités dépeignant harru cour moins ou des familles profitant d'un après-midi à l'extérieur. Ils ont souvent un dessus à double charnière pour que les composants soient facilement accessibles. Certains paniers exceptionnels ont même des supports pour les assiettes et les couverts.

Beaucoup de gens choisissent des paniers pour contenir un assortiment de cadeaux ou de fruits. Certains sont même thématiques, disons pour un diplôme ou un anniversaire. Ceux qui contiennent des fruits ou des fleurs sont également des cadeaux populaires pour les patients hospitalisés et les nouvelles mères.

Les paniers de charcuterie sont omniprésents. Ces contenants en plastique ovales contiennent des frites, des sandwichs, des étouffoirs et plus encore dans les restaurants. Ils sont souvent doublés de papier ciré et leurs couleurs gaies marron, rouge ou bleu donnent à une table de restaurant un air confortable et chaleureux. D'autres peuvent être doublés de serviettes en papier et contiendront des craquelins, du pain ou des petits pains chauds.

Les paniers sont également utilisés dans les loisirs. Un bon exemple est le panier de Pâques. Ceux-ci peuvent être achetés vides ou contenant déjà un énorme assortiment de bonbons et de cadeaux. Ils sont généralement recouverts d'"herbe" de Pâques en plastique et utilisés pour contenir des œufs de Pâques lors de la chasse annuelle.

Les gondoles à ballon sont certainement parmi les plus grandes des paniers de loisirs, mais elles correspondent parfaitement à la définition. Ils sont généralement tissés de matériaux solides et doivent contenir confortablement au moins deux personnes.

CHAPITRE DEUX

Comment démarrer le tissage de paniers

La vannerie prend un peu de temps, mais la récompense est une pièce magnifique et utile que vous pouvez utiliser à la maison. Pour commencer, jetez un coup d'œil à cet article utile de Felt Magnet qui explique de nombreux termes que vous pouvez rencontrer dans le tissage de paniers, par exemple vraiment pour les projets de tissage ou de jumelage.

Ensuite, alignez vos fournitures. Les matériaux dont vous avez besoin seront déterminés par le type et le style de panier que vous fabriquez. Une conception de base est un bon endroit pour commencer votre voyage de vannerie. Pour cela, vous aurez besoin d'une canne ou d'un roseau. Vous pouvez également acheter des outils simples dont vous pourriez avoir besoin, mais si vous êtes créatif et prudent, vous pouvez vous en sortir avec une règle et des ciseaux. r ou cisailles.

Si vous construisez à partir de zéro, ce grand tutoriel de Design Sponge vous aidera à démarrer. Il existe également de nombreux kits si vous souhaitez un ensemble pré-emballé à essayer en premier. Ce kit Care Cod Blueberry Basket est un endroit adorable pour commencer à jouer. Pour essayer le tissage, ce kit de tissage de corbeille à pain produit l'accessoire de cuisine parfait. Il existe également des kits de tissage de paniers parfaits pour les enfants afin que toute la famille puisse s'amuser. Vous cherchez à essayer la méthode de souillure? Ce tutoriel vidéo vous apprend à faire des paniers colorés avec du raphia de magasin d'artisanat.

Lorsque vous entrez dans le monde de la vannerie, assurez-vous de respecter les traditions qui existent depuis des millénaires. Si vous cherchez à acheter un panier, assurez-vous que les produits ont été correctement payés pour leur intérêt. La vannerie est également mieux servie en respectant d'autres cultures, sans s'approprier des conceptions sacrées ou en achetant des produits contrefaits c'est. Au fur et à mesure que vous apprenez les anciennes techniques de vannerie, expérimentez avec des formes et des moyens pour créer des œuvres que vous chérirez pour toujours; après tout, vous serez dans une tradition vieille de 27 000 ans.

Terminologie utilisée en vannerie

- Base - Fond d'un panier.

- Enjeux - Ce sont les fondements d'un panier carré ou rectangulaire. Ils aident à former la base, puis vont verticalement sur les côtés du panier.

- Rayons - Ce sont les fondements d'un panier rond ou ovale. Ils vont également ensuite sur les côtés du panier rond verticalement.

- Côtes - Le cadre du squelette dans un panier nervuré sur lequel les tisserands sont tissés.

- Weaver - C'est ce qui se passe horizontalement autour des côtés du panier.

- Twining - Ceci est fait avec du rouge rond. C'est une demi-torsion dans le roseau rond et est créé avec deux brins séparés ou un brin qui a été plié en deux.

- Emballage - L'emballage pousse les tisserands étroitement ensemble car ils sont tissés sur les côtés du panier.

- Épissage - L'épissage , c'est quand vous n'avez plus de tisserand avant d'avoir fini, vous avez donc besoin d'un morceau supplémentaire de tisserand pour compléter la rangée ou la ba croquis.

- Bouleverser le panier - C'est quand la base est tissée et que vous pliez les enjeux ou que vous pouvez commencer à travailler dessus les côtés de votre panier.

- Couper et rentrer ou couper et rentrer - Lorsque vous avez fini de tisser les côtés, vous coupez les enjeux ou les piquets qui sont à l'intérieur de la base restez au ras de votre rangée supérieure de tissage. Les enjeux qui se trouvent à l'extérieur du panier sont pliés à l'intérieur et cachés derrière un tisserand pour cacher les extrémités.

- Poils de panier - Les choses qui regardent en morceaux sur le côté rugueux (mauvais) du roseau. Ceux-ci sont coupés ou éteints lorsque le panier est rempli.

- Rim Row - La rangée supérieure de tissage. Ceci est généralement caché sous la jante.

- Jante - Généralement 2 morceaux de rouge qui sont légèrement plus larges que la rangée de la jante. Ces pièces recouvrent la rangée de jantes et sont placées même avec le bord inférieur de la rangée de jantes.

- Remplisseur de jante - Quelque chose qui va au-dessus de la rangée de jantes et qui est pris entre les deux pièces de la jante. Il s'agit souvent d'herbes marines ou de roseaux ronds.

- Arrimage - C'est le matériau qui maintient la jante et le remplissage de jante en place.

- Façonner - Utiliser votre tisserand pour faire éclater ou tirer les piquets ou les piquets.

Divers matériaux de vannerie

- **Kudzu**

Cette vigne est également connue sous le nom d'Arrowroot japonais et est originaire de certaines parties de l'Asie. Le kudzu est connu comme une espèce de vigne très envahissante, mais il est également très prisé comme matériau de tissage de paniers en raison de sa résistance. e et la facilité. Il peut être utilisé vert ou séché et réhydraté.

- **Vigne**

Il existe de nombreuses variantes de cela. Vous le trouverez poussant à l'état sauvage dans les champs et vous pouvez également l'acheter à partir d'arrêts de loisirs et d'artisanat. La vigne n'a généralement pas besoin d'être trempée car elle reste possible pendant des semaines après sa coupe.

- **Glycine**

Une vigne boisée grimpante avec des grappes de belles fleurs de couleur lavande , la glycine est robuste et à croissance rapide. Il a de longs coureurs qui sont parfaits pour la fabrication de paniers. Poussant à l'état sauvage dans de nombreux domaines, il est considéré comme une plante nuisible par beaucoup. Pour de meilleurs résultats dans vos paniers, récoltez la glycine en hiver.

- **saule**

Willow a de longues branches fines qui sont très bonnes pour tisser des paniers. Vous devriez le récolter à l'automne ou au début du printemps avant que des feuilles n'apparaissent sur les branches. Les branches seront les plus susceptibles à ce moment-là.

- **Herbes marines**

Ce sont des feuilles longues et étroites qui sont très pratiques pour la fabrication de paniers. Vous pouvez obtenir de l'herbe de mer sous forme de corde d'herbe tordue ou de roseau à surface plate. Il commence vert et deviendra bronzé en vieillissant.

- **Fanons**

Baleen est une substance qui vient de l'intérieur de la bouche de la baleine boréale; son but est de filtrer leur nourriture. Les indigènes d'Alaska utilisent des fanons pour tisser des paniers solides pendant de nombreuses années.

- **White-oak se divise**

Les fentes sont un matériau traditionnel utilisé dans les montagnes pour la mise en conserve des chaises et la fabrication de toutes sortes de paniers. Un jeune arbre de chêne blanc d'environ 4 à 6 pouces de diamètre est choisi et une section de 6 à 9 pieds du tronc est supprimée. Le tronc est ensuite divisé en trois, puis divisé en bandes à utiliser pour fabriquer le panier.

- **Aiguilles de pin**

Les aiguilles de pin sont utilisées depuis longtemps par les Amérindiens pour fabriquer des paniers enroulés incroyablement beaux. Dans le pays dans le pays où les réceptions sont de plus en plus Ils doivent être trempés dans de l'eau chaude pour enlever les arbres collants, mais ils resteront flexibles pendant longtemps.

Si vous voulez être audacieux, et si vous souhaitez prendre une décision, essayez de créer un panier écologique et durable à partir de l'un de ces éléments :

- Sacs en plastique
- Bouteilles en plastique
- Fil
- Parer sous presque toutes ses formes
- Vieux jean bleu
- Vieux T-shirts
- Fil téléphonique
- Des vêtements en plastique ou en coton

Voici les outils de base nécessaires pour se lancer dans la vannerie.

- **Chiffon mesurant la tare**

  Une mesure de tare est utilisée pour mesurer les enjeux pour le tissage de panier ainsi que pour établir la taille tout au long du processus de tissage s.

- **Coupe-rouge**

  Les coupe-rouges ont des lames courtes et précises qui permettent un bon effet de levier sur le roseau lors de la coupe.

  Alternative : cuisine

  Les cisailles de cuisine ou les ciseaux d'artisanat peuvent fonctionner pour couper le roseau, bien qu'ils ne soient pas aussi tranchants que les couteaux à roseau et seront donc plus difficiles à couper avec

- **Crayon**

  Un crayon servira à marquer le centre des enjeux au début d'un panier, ainsi qu'à prendre des notes ou à marquer des repères. nts tout au long du processus de tissage.

- **Poids de mise**

Un poids d'enjeu est une barre lourde utilisée pour alourdir les enjeux au début d'un panier.

Alternative : un marteau

Le marteau peut être utilisé à la place d'un poids de jeu. Le poids de la tête de marteau en fait une alternative pratique et la longueur du manche atteint la largeur ou la longueur de la plupart des paniers. C'est un concept prêt à l'emploi, mais ça marche.

- **Coupe droite**

J'appelle aussi cela un poinçon plat. Ceci est utilisé pour emballer les couches de tissage se fermer ensemble de sorte que, comme le roseau sèche et rétrécit, il n'y aura pas d'espace entre nous vers.

Alternative : tournevis à tête plate

Une autre option est un tournevis à tête plate. Ou, dans un rinçage, un couteau à beurre.

-

Généralement un outil pratique à avoir autour, le coupe-boîte est principalement utilisé pour couper les extrémités du roseau utilisé sur le bord d'un panier.

-

Utilisé tout au long de la fabrication de paniers pour maintenir les choses en place.

Alternative : clips de reliure

Une option rapide et bon marché pour remplacer les pinces métalliques pourrait être de grandes pinces à reliure.

-

Les pinces en plastique sont utilisées spécifiquement sur le bord du panier car elles sont moins susceptibles de laisser des rainures dans le bord après le vous êtes supprimé. L'ouverture est la part parfaite pour que la jante se place entre les bras de serrage et maintienne sa place sur le panier.

- Sppay ботле

  Un flacon pulvérisateur est utilisé pour pulvériser le panier au fur et à mesure que vous tissez pour garder tout humide. Maintenir le roseau humide est important pour qu'il ne devienne pas sec, cassant et se fissure lorsque vous travaillez avec.

- Baignoire à eau

  Le bain d'eau sera rempli d'eau chaude au début d'un projet de panier et utilisé pour mouiller tout le rouge avant de commencer à tisser avec.

Techniques de vannerie

- Tressage

Le tressage est la technique de tissage de panier la plus simple. Le résultat final sera généralement un panier partagé plat, droit ou rectangulaire. Les feuilles de plantes tropicales telles que l'uussa ou le palmier sont les meilleurs matériaux à utiliser pour cette technique. Les feuilles sont tissées ensemble horizontalement, verticalement ou en diagonale dans un motif superposé pour créer des angles droits, ce qui donne des paniers fabriqués avec cette technique. réapparition.

Il existe deux types de jeu que vous pouvez utiliser.

i.   Un placage simple est tissé pour suivre un modèle de plus d'un, sous un. Cela signifie que vous tissez le matériau sur un autre matériau et sous le suivant.

ii.   Le motif est tissé dans un motif spécifique. Par exemple : sur un, sous deux, c'est-à-dire que vous tissez la matière sur une autre matière, et sous les deux suivantes. Pour la création de motifs, vous pouvez également utiliser deux couleurs différentes de tisserands.

- **Jumelage**

Le jumelage est une technique dans laquelle deux tisserands ou plus sont tissés autour de rayons. Lorsque nous entendons parler, nous pensons généralement à une roue. Pour cette raison, les paniers fabriqués à l'aide de cette technique sont généralement ronds.

Lors de la création de cette ture de panier, un tisserand passe devant le trait, et l'autre passe derrière le trait. Les tisserands sont généralement croisés ou tordus les uns autour des autres entre les coups, donc le type de matériau utilisé pour cela Les paniers doivent être flexibles, comme une écorce de sédar, des roseaux ou des racines.

Il est important de prêter attention à l'orientation des tisserands lors de la fabrication du panier pour s'assurer que la torsion est cohérente stent sur tout le panier. Pour rendre le panier plus insolite, vous pouvez utiliser deux tisserands de couleurs différentes pour créer un motif, ou vous pouvez créer des variantes dans le panier b vous ajustez le serrage de vos rangées.

- **Moustache**

Les paniers en osier sont les paniers les plus difficiles à fabriquer. La technique de création d'un panier en osier est similaire à celle du tissage parce que vous commencez par des traits et que vous tissez le matériau autour du srokes, mais vous n'êtes pas obligé de croiser les tisserands les uns sur les autres. Au lieu de cela, les tisserands sont généralement tissés entre les traits en alternance sur un, sous un même motif. BO ALTERNTNG, Weln That's One Won One iovel one iovel? nd over tha Next Spoke. Les paniers en osier peuvent également avoir une série de deux ou trois rayons qui sont tissés autour, au lieu d'un seul. Les paniers en osier peuvent être fabriqués à partir de n'importe quelle ture de roseau ou d'herbe, mais le saule est le matériau le plus couramment utilisé pour les fabriquer. Willow crée un panier plus solide . Les rayons sont faits de tiges de saule plus épaisses et plus rigides, tandis que les tisserands sont faits de tiges de saule plus minces et plus flexibles. Même si les paniers en osier peuvent être difficiles à fabriquer, ils sont à la fois beaux et fonctionnels une fois terminés. Vous pouvez également utiliser une technique similaire pour créer des meubles en osier, une fois que vous avez maîtrisé la technique de tissage de panier.

- **Enroulement**

La dernière technique de vannerie est la souillure. Cette technique n'est techniquement pas "tissage". L'enroulement implique de prendre un matériau "coupé" et de l'emballer, puis de coudre les matériaux ensemble pour créer une spirale. En raison de la part en spirale, les paniers souillés sont généralement ronds une fois terminés.

Les matériaux couramment utilisés pour le refroidissement sont le foin d'odeur, les aiguilles, le saule ou la paille. Pour assembler les pièces ensemble, un matériau filiforme tel que le palmier, le raphia ou le cheval est généralement utilisé.

Comment traiter les roseaux frais pour la vannerie

Des paniers préparés et emballés sont disponibles dans les magasins d'artisanat et chez les détaillants de vannerie pour ceux qui veulent tisser leurs propres paniers. Cependant, certains tisserands préfèrent utiliser des roseaux fraîchement récoltés ou d'autres matériaux naturels pour leurs paniers. Suivez deux étapes principales pour préparer vos propres roseaux pour la fabrication de paniers. Tout d'abord, bien sécher les roseaux fraîchement coupés. Deuxièmement, réhydratez-les dans de l'eau chaude quelques-unes à la fois pour les rendre faciles à tisser.

Choses dont vous aurez besoin

- Roseaux fraîchement récoltés
- ficelle ou ficelle lourde
- Cintres ou corde à linge

- Ciseaux

- Grand bassin peu profond ou bol

- Eau chaude

- Serviettes de toilette

Étape 1

Rassemblez huit à dix roseaux fraîchement coupés en un tas et attachez-les ensemble en haut avec la ficelle. Accrochez les bouquets de roseaux à des crochets, des chevrons, des cintres ou des cordes à linge dans un endroit sombre, sec et bien ventilé.

Étape 2

Laisser les bouquets de roseaux sécher complètement, trois à sept jours, en fonction de l'humidité locale. Keer rouge de la lumière directe pour éviter la décoloration.

Étape 3

Coupez les tiges séchées à la taille désirée pour votre projet de vannerie. Remplissez le bassin avec de l'eau tiède (pas chaude). Placez un ou deux roseaux à la fois dans l'eau; faire tremper pendant cinq à 10 minutes jusqu'à ce que les rouges soient possibles mais pas détrempés.

Retirez le ou les roseaux de l'eau et séchez-les avec des serviettes en papier.

Utilisez les roseaux souples pour commencer à tisser le panier. Trempez des roseaux supplémentaires, un ou deux à la fois, selon les besoins pour continuer à tisser. Ne faites pas tremper plus de quelques-uns des roseaux coupés à la fois, ou ils peuvent sécher avant que vous puissiez commencer à tisser avec eux. Remplacez périodiquement l'eau du bassin pour conserver sa chaleur.

Comment faire des paniers en bambou

Contrairement à ce que beaucoup de gens pensent, le bambou est une herbe, pas un bois dur. Cette classification considère qu'il s'agit d'un moyen idéal à tisser dans des paniers. Le bambou est durable et est un matériau durable car certaines espèces peuvent pousser plus d'un mètre en une journée. Les paniers en bambou peuvent être décoratifs ou peuvent servir d'endroit pour stocker des magazines, des objets d'artisanat ou d'autres articles dans votre maison . Le panier prendra de nombreuses heures, mais vous pouvez toujours y travailler pendant votre temps libre.

Choses dont vous aurez besoin

- Bambou, arbre de 3 pieds
- Grand couteau
- Ciseaux
- Тапестру нееедле
- Chaîne

Étoile 1

Coupez une rangée de bambou de 3 pieds verticalement en quatre planches à l'aide d'un grand couteau. Coupez la planche en deux. Divisez les moitiés en couches, en commençant par l'envers du bambou.

Étoile 2

Coupez les extrémités des bandes de bambou avec des ciseaux, si nécessaire, afin qu'elles soient toutes de la même longueur.

Étoile 3

Décollez les bandes de bambou pour les séparer et créer plus de bandes de bambou.

Étoile 4

Déroulez et coupez un morceau de ficelle de 5 pieds. Enfilez l'aiguille à tapisserie avec la ficelle.

Étoile 5

Rassemblez trois morceaux de bambou et enroulez l'extrémité de la ficelle autour de l'extrémité du paquet. Enroulez 3/4 pouces de ficelle autour du bambou.

Étoile 6

Courbez le bambou en une part en U et serrez la ficelle autour des deux côtés du U six fois pour sécuriser. Vous aurez un petit salon.

Étoile 7

Pliez les extrémités lâches du bambou autour de l'endroit où elles se trouvent le long de la boucle. Cousez autour des élévations de bambou et à travers la meurtrière avec l'aiguille à tapisserie. Utilisez un point blanc tout en gardant les points proches et côte à côte. Faites environ 10 à 20 points ou jusqu'à ce que vous ayez fait un cercle complet autour du sol.

Étoile 8

Procurez-vous un autre paquet de trois bambous. Ajoutez-le à votre panier en le plaçant sous le bambou lâche qui dépasse de l'anneau. Enroulez la ficelle autour du faisceau de bambou combiné six fois.

Étoile 9

Enroulez la ficelle autour du bambou et de la bobine de la rangée précédente en insérant l'aiguille à tapisserie à travers la bobine, sur le faisceau de bambou et prélassez-vous à travers le co il. Continuez à ajouter du bambou jusqu'à ce que vous ayez atteint la taille de panier souhaitée.

Étoile 10

Créez des parois latérales en vous asseyant sur la rangée ou le paquet suivant sur la bobine précédente en fonction des bobines adjacentes. Construisez les rangées les unes sur les autres pour gagner en hauteur.

Étoile 11

Enroulez une ficelle autour de la bobine supérieure du panier pour terminer le panier. Mesurez 6 pouces de ficelle à partir de l'extrémité du panier et coupez. Faites un double nœud dans la ficelle aussi près du panier que possible. Coupez l'extrémité de la ficelle et utilisez l'aiguille pour rentrer le nœud dans la bobine de bambou.

Comment faire un panier d'herbe douce

Les paniers d'herbe douce sont des paniers enroulés fabriqués par des membres de la communauté Gullah près du mont. Agréable, Caroline du Sud et sur les îles de la mer au large de la Caroline du Sud et de la Géorgie. L'engin est basé sur un panier à spirale traditionnel africain pour les Africains asservis amenés avec eux en Caroline du Sud au VIIe siècle. Les faisceaux souillés sont fabriqués à partir de la plante Muhlenbergia filiias, communément appelée foin d'odeur, mais vous pouvez également utiliser de longues aiguilles de pin. La fibre utilisée pour coudre les bobines ensemble provient généralement de la plante Sabal serrulata ou saw palmetto

.

Choses dont vous aurez besoin

- Matériel végétal tel que le foin d'odeur ou les aiguilles de pin

- Des fibres végétales telles que le palmier nain

- Un instrument pointu, traditionnellement un manche aiguisé

Étoile 1

Déchirez une feuille de palmier nain en longues bandes d'environ 1/4 de pouce de large. Prenez un paquet de fibres de foin d'odeur et alignez les extrémités des fibres à une extrémité du paquet. Enroulez l'un des brins de feuille de palmier autour de l'extrémité du paquet, puis repliez le paquet sur lui-même. C'est le début du bas du panier.

Étoile 2

Commencez à enrouler le paquet de foin d'odeur autour du pli central. Chaque 1/2 pouce ou plus, percez un trou dans la rangée de faisceaux ci-dessous avec l'instrument en question. Enfilez l'extrémité de la bande de paume à travers cette ouverture dans le paquet. Ramenez la paume sur le tor de la nouvelle rangée que vous ajoutez. Percez un autre trou dans la rangée ci-dessous et enfilez la paume à travers, en vous assurant que le paquet de tor est en place.

Étape 3

Continuez à faire le tour du cercle, faites des trous dans le faisceau sous la rangée sur laquelle vous travaillez, ajoutez de nouvelles rangées de faisceaux de foin d'odeur et sécurisez eux avec les tranches de palmette. Lorsque le paquet commence à obtenir cela parce que vous êtes arrivé à la fin de l'un des brins du paquet, ajoutez un autre morceau de foin d'odeur en le mettre dans le paquet. Continuez à ajouter de nouveaux morceaux de foin d'odeur au fur et à mesure.

Étoile 4

Coupez une nouvelle bande de palmier à scie lorsque la première est épuisée. Laissez un peu de la pièce précédente qui ressort, que vous reprendrez plus tard. Lorsque le fond du panier est assez grand, commencez à partager les côtés du panier en ajoutant de nouveaux paquets à angle droit par rapport aux rangées de l'arbre ral. Travaillez sur les côtés du panier en continuant à ajouter de nouveaux faisceaux et en les cousant avec des fibres de palmier à scie.

Continuez à ajouter de nouvelles bobines jusqu'à ce que le panier ait la hauteur que vous désirez. Arrêtez d'ajouter de nouvelles fibres à la bobine d'herbe douce, de sorte qu'elle devienne progressivement de plus en plus petite et finalement réduite à rien.

CONCLUSION

Un motif de tissage de panier peut facilement être réalisé avec n'importe quel métier à tisser. Il s'agit d'une variante du tissage uni. Un tissage de panier crée un motif de tissage serré avec un nombre pair de fils de trame et de fils de trame.

Les deux threads seront perpendiculaires l'un à l'autre, se croisant d'abord, puis l'un sous l'autre. Une armure de panier diffère d'une armure toile en permettant plusieurs brins de fil ou de fil. Ce différenciateur peut vous permettre de créer un tissage uni avec trois, quatre ou plus de trame et de chaîne pour créer une structure de tissage épaisse et robuste. Bien que le tissage soit généralement appliqué à des matériaux tels que la laine, le fil et le fil, le processus de tissage peut être fait avec n'importe quel nombre de matériaux aussi. Il est très courant d'utiliser ces brins de bois ou d'osier pour créer des paniers et des nattes.

www.ingramcontent.com/pod-product-compliance
Lightning Source LLC
Chambersburg PA
CBHW061734250726
48657CB00002B/923

* 9 7 9 8 3 9 7 9 3 4 3 0 5 *